Zeljko Zoric

Protecção Civil na República de Srpska

Zeljko Zoric

Protecção Civil na República de Srpska

ScienciaScripts

Cover image: www.ingimage.com

This book is a translation from the original published under ISBN 978-613-9-88026-3.

Publisher:
Sciencia Scripts
is a trademark of
Dodo Books Indian Ocean Ltd. and OmniScriptum S.R.L publishing group

120 High Road, East Finchley, London, N2 9ED, United Kingdom
Str. Armeneasca 28/1, office 1, Chisinau MD-2012, Republic of Moldova, Europe
Printed at: see last page
ISBN: 978-620-5-60714-5

INTRODUÇÃO

O mundo actual sofreu algumas mudanças profundas e de longo alcance nas últimas duas décadas. Após o período de "entusiasmo" que começou após o colapso do bloco soviético e a reorganização das relações interestatais na Europa, o século XXIst é geralmente descrito como o século da globalização ou "mondialização" sob as novas condições do mundo multipolar (Laurent CT, 2007). O facto é que, no novo quadro global, as fronteiras já não são tão fixas. O clássico Estado-nação pode controlar significativamente o fluxo de pessoas, bens e informação, ou seja, o seu próprio território, bem como os riscos e ameaças à segurança cada vez mais diversos, mesmo que seja o monopólio do uso da força (Williams, 2008).A nova conceptualização das relações internacionais (não só a nível global, mas também a nível regional) colocou o novo dilema na agenda e levantou novas questões sobre possíveis ameaças à segurança. Com o fim da Guerra Fria, as ameaças a ela associadas - a ameaça de confronto nuclear directo - desapareceram, mas o mundo enfrentou novas ameaças de segurança que também acarretaram consequências significativas (Lansford, 1999). As novas ameaças à segurança também exigem novas forças para as combater. Estas novas forças são reconhecidas na protecção civil. Dentro da UE, não existe uma definição de protecção civil no quadro jurídico, mas é enquadrada por actividades comuns no domínio da "*cooperação conjunta no domínio da protecção civil com o objectivo de proteger as pessoas, o ambiente, os bens e o património cultural em caso de grandes catástrofes naturais ou catástrofes ocorridas dentro ou fora da UE*" (Ahman, 2009).Na sua forma mais simples, a protecção civil é concebida como uma actividade para mitigar as consequências de catástrofes, implementar medidas de prevenção e protecção baseadas na partilha de conhecimentos específicos e no desenvolvimento de capacidades entre Estados. Desde o início, o desenvolvimento da protecção civil europeia baseou-se no equilíbrio da responsabilidade nacional e da solidariedade europeia (Bara, 2010). A protecção civil europeia desenvolveu-se ao longo do tempo através da cooperação bilateral e multilateral entre os Estados e as suas organizações nacionais, bem como as instituições da UE. Formalmente, foi criado em 1985 como um organismo de cooperação internacional dentro da UE como instrumento de coordenação entre os Estados-Membros em caso de catástrofes naturais (Ahman, 2009).A protecção civil na República de Srpska (RS), que é percebida através de um sistema único de resposta a emergências, foi escolhida como o tópico básico deste documento. A fim de compreender o funcionamento de tal sistema, é necessário conhecer a organização do sistema de protecção civil na RS, as medidas de protecção pessoal e mútua, e as medidas de protecção e salvamento. A fim de melhor compreender a situação da protecção civil na RS, foi apresentada uma secção transversal dos regulamentos legais e uma divisão detalhada das responsabilidades dos organismos no domínio da protecção civil. Os métodos de revisão de literatura, análise de conteúdo e análise comparativa foram utilizados principalmente na preparação do artigo. Foi dada uma definição de protecção civil, bem como uma breve história da protecção civil. Finalmente, foi descrito o sistema de gestão de catástrofes no RS. O objectivo deste documento é informar o público científico e profissional sobre a posição específica da protecção civil na RS, que é parte integrante da Bósnia e Herzegovina (BiH) (Zoric, 2017).

Capítulo 1 Desenvolvimento da protecção civil na Bósnia e Herzegovina

A história da defesa civil na Bósnia-Herzegovina não começou com a formação da Comunidade da Bósnia-Herzegovina tal como a conhecemos hoje, mas deve ser vista no contexto do desenvolvimento da defesa civil nas antigas repúblicas da República Federal Socialista da Jugoslávia (RFJ), a partir de 1948 até 1955, o Serviço de Protecção de Aviação (AAP) foi organizado com o principal objectivo de protecção das forças armadas do espaço aéreo, e alguns anos após a sua criação evoluiu para um Serviço de Defesa Civil, o que mudou significativamente o carácter deste serviço ao assumir as tarefas de salvamento e protecção humana. Em 1963, a Lei Especial sobre a Transferência das Actividades de Defesa Civil da Jurisdição da Administração dos Assuntos Internos para a Jurisdição da Administração da Defesa Nacional iniciou um período em que ocorreram mudanças significativas na defesa civil. Em 1982, a Lei de Defesa Nacional introduziu a protecção pessoal e mútua, e estabeleceu que, para além das unidades, sede e outros organismos de defesa civil, a protecção e salvamento de pessoas, material e outros bens seriam incluídos em todas as organizações e serviços que tratam da protecção e salvamento como uma actividade regular.As numerosas mudanças que tiveram lugar em muitos países no final dos anos 80 e início dos anos 90 não se estenderam para além da RSFJ. Infelizmente, estas mudanças foram acompanhadas de guerra, numerosas vítimas humanas e destruição material. Tudo isto contribuiu para que o antigo sistema de defesa civil, que funcionava na República Socialista da Bósnia-Herzegovina como uma das seis entidades federais, fosse expandido para duas novas entidades a nível do RS e da Federação BiH (FBiH). BiH[1] como entidade jurídica reconhecida internacionalmente não está familiarizada com um sistema centralizado de gestão de catástrofes. Os sistemas de gestão de catástrofes existentes na Bósnia-Herzegovina são da exclusiva responsabilidade das entidades e do Distrito de Brcko[2] . Esta é uma forma única de organizar e operar a gestão de catástrofes, que não existe sob esta forma na região (Zoric, 2017).

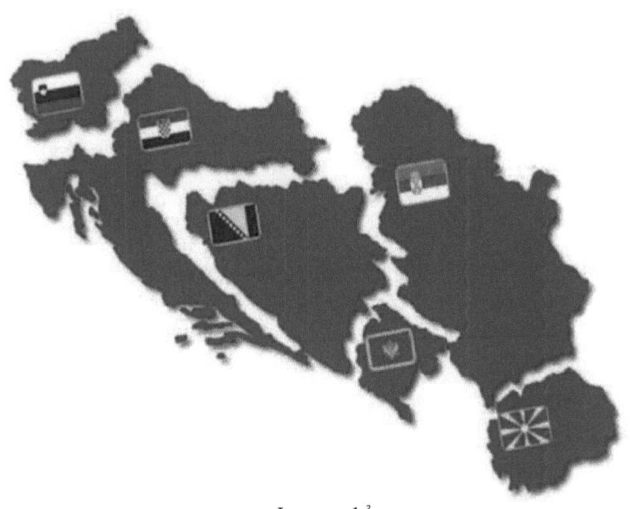

Imagem 1.[3]
1) Eslovénia, 2) Croácia, 3) Bósnia e Herzegovina, 4) Sérvia, 5) Montenegro, 6) Macedónia

Sem abordar as causas e o carácter da guerra na Bósnia-Herzegovina, discutiremos brevemente o sistema de defesa civil, o seu lugar e o seu papel no período observado. Com a dissolução da República Socialista da Bósnia-Herzegovina, foram formados três exércitos de acordo com o princípio da nação única, com base na área em que a população forma a maioria. Assim, foram formados o Exército do RS (Sérvios), o Conselho de Defesa Croata (Croatas) e o Exército da República da Bósnia e Herzegovina (Muçulmanos, mais tarde Bósnia). Nas áreas controladas pelos exércitos acima mencionados, existiam sistemas de defesa civil separados que não cooperavam entre si de forma alguma. Nessa altura, a protecção civil estava a trabalhar em condições extremamente complexas. Estava gravemente enfraquecido em termos de pessoal, bem como de recursos materiais e técnicos. Era activo em condições de guerra, mas também em catástrofes naturais e outras.

A má organização, a falta de funcionalidade e a incapacidade de cumprir as tarefas no seu quadro durou até à assinatura do Acordo de Paz de Dayton[4] e ao fim das hostilidades. A assinatura deste acordo marcou o início de uma tendência ascendente na gestão de catástrofes na Bósnia e Herzegovina. As duas entidades, a RS e a FBiH, tornaram-se duas entidades jurídicas com responsabilidade exclusiva pelo desenvolvimento da protecção civil, que foi inicialmente integrada no sistema de defesa de cada entidade.

A protecção e salvamento na Bósnia-Herzegovina é definida principalmente pela *Lei-Quadro de Protecção e Salvamento de Pessoas e Bens Materiais contra Catástrofes Naturais e Outras Catástrofes na Bósnia-Herzegovina*[5] como "uma forma de preparação e participação de agências e tarefas de protecção e salvamento em resposta a catástrofes naturais ou outras catástrofes". Esta definição é algo mais ampla na *Lei de Protecção e Salvamento de Pessoas e Propriedades de Catástrofes Naturais e Outras na FBiH*[6] , que afirma que "a protecção e salvamento de catástrofes naturais e outras inclui Programação de acções, planeamento, organização, formação, implementação, controlo e financiamento, bem como actividades de protecção e salvamento de catástrofes naturais e outras com o objectivo de evitar perigos, reduzir o número de feridos e vítimas e eliminar e mitigar os efeitos e consequências prejudiciais de catástrofes naturais e outras".Na RS, está em vigor a *Lei de Protecção e Salvamento em Situações de Emergência*[7] . O artigo 2º define o sistema de protecção civil e salvamento como uma "forma unificada de gestão e organização de forças e unidades do sistema de protecção e salvamento na implementação de medidas preventivas e operacionais e na execução de tarefas de protecção e salvamento de pessoas e bens das consequências de catástrofes naturais, acidentes técnicos e tecnológicos, catástrofes, consequências do terrorismo e outros perigos e acidentes que possam pôr em perigo os bens materiais e culturais da população e do ambiente, incluindo medidas para restaurar as consequências".

E nas soluções jurídicas dos países regionais, o sistema de protecção e salvamento é definido de forma semelhante.No Montenegro, a *Lei de Protecção e Salvamento* (artigo 1º) estabelece que "a protecção e o salvamento incluem um conjunto de medidas e acções empreendidas para detectar e prevenir o perigo de catástrofes naturais, incêndios, acidentes técnicos e tecnológicos, contaminação química, biológica, nuclear e radiológica, as consequências da destruição da guerra e do terrorismo, epidemias, epizootias, epífitas e outras catástrofes, bem como o salvamento de cidadãos e bens materiais ameaçados pelas suas acções"[8] .Na Croácia, o artigo 1º da *Lei que altera a Lei de Protecção e Salvamento* estabelece que o sistema de protecção e salvamento é "uma forma de preparação e participação dos participantes na resposta a catástrofes e acidentes graves, bem como a criação, preparação e participação de forças operacionais de protecção e salvamento na prevenção, preparação, resposta a catástrofes e eliminação de possíveis causas e consequências de catástrofes". "[9] A *Lei* sérvia *sobre Situações de Emergência* estabelece no artigo 8, parágrafo 2, que o sistema de protecção e salvamento é "uma parte do sistema de segurança nacional e uma forma integrada de gestão e organização do sujeito da protecção civil e salvamento na implementação de medidas preventivas e operacionais e no cumprimento de tarefas de protecção e salvamento na prevenção e protecção de pessoas e bens materiais das consequências de catástrofes naturais e outras, incluindo medidas de recuperação".[10] Da análise de definição acima referida, é evidente que este é um sistema que reúne forças e recursos para preparar, prevenir e gerir numerosas emergências. Este sistema faz parte do sistema de segurança interna, mas é também um sistema independente com os seus próprios elementos, as suas interligações e objectivos claros que existem como tal.

Este sistema é desenvolvido na Bósnia-Herzegovina a nível de entidade, enquanto que a nível da Bósnia-Herzegovina existe um Departamento de Protecção e Salvamento no Conselho de Ministros da Bósnia-Herzegovina, que está subordinado ao Ministério da Segurança. De acordo com as soluções constitucionais e legais, as instituições e organismos da Bósnia e Herzegovina coordenam a protecção e o salvamento, mas não o gerem.

Actividades. As tarefas operacionais são da responsabilidade das entidades e do Distrito de Brcko. A fim de facilitar a coordenação a nível da Bósnia e Herzegovina, foi criado o Órgão de Coordenação para a Protecção e Salvamento na Bósnia e Herzegovina, em conformidade com a Lei-Quadro sobre Protecção e Salvamento de Pessoas e Propriedades de Desastres Naturais e Outros na Bósnia e Herzegovina. Embora este organismo seja formado, não é um organismo permanente, mas os seus membros reúnem-se quando necessário (Culibrk, 2015).

O sistema de protecção e salvamento na Bósnia e Herzegovina consiste no sector estatal, no sector não estatal e nas entidades jurídicas. Consequentemente, a protecção civil é apenas um segmento do sector estatal e representa um importante subsistema do sistema de protecção e salvamento. Quanto ao sector não governamental, existem várias associações cívicas, instituições de caridade, bem como um número crescente de voluntários cujo trabalho é cada vez mais importante mas ainda subutilizado no sector da protecção e salvamento. Para além dos sectores governamentais e não governamentais, as entidades jurídicas tais como fornecedores de energia, gestão da água, mineração, indústria química, telecomunicações, etc., são também muito importantes. O sistema de protecção e salvamento na Bósnia e Herzegovina é altamente descentralizado e requer um elevado nível de coordenação e comunicação para responder a emergências.

Certos elementos que não foram (suficientemente) implementados na prática são o resultado da falta de apoio material para o desenvolvimento de tais sistemas. Como membro das Nações Unidas, a Bósnia e Herzegovina aceita soluções relacionadas com o domínio da protecção civil delegadas pelo ICDO *(Organização Internacional de Defesa Civil*). O mesmo se aplica ao Mecanismo de Protecção Civil da UE, bem como às outras recomendações da UE relacionadas com o sistema de protecção civil.

A principal tarefa do Mecanismo de Protecção Civil é facilitar a cooperação durante as operações de socorro em situações de emergência grave que exijam uma resposta imediata. Isto também se aplica a situações em que existe uma ameaça iminente de tais emergências extremas. Por conseguinte, o Mecanismo é um instrumento que reforça a cooperação entre os Estados-Membros da UE no domínio da protecção civil. De acordo com o princípio da subsidiariedade, o Mecanismo pode acrescentar valor à assistência da protecção civil europeia, disponibilizando o seu mecanismo de apoio ao país afectado. Este pode ser o caso quando o grau de preparação do país afectado não é suficiente para responder adequadamente com os recursos disponíveis. Ao disponibilizar as capacidades integradas de protecção civil dos Estados-Membros, o Mecanismo pode proporcionar uma melhor protecção, antes de mais para as pessoas, mas também para os bens materiais, o património natural e cultural.

Capítulo 2 O Ministério da Segurança na Bósnia e Herzegovina

O Sector de Protecção e Salvamento do Ministério da Segurança da Bósnia e Herzegovina foi criado em 2004 sob o nome de Sector de Defesa Civil. O Sector é chefiado pelo Vice-Ministro de Protecção e Salvamento. De acordo com o artigo 14, sétimo travessão da Lei dos Ministérios e Outros Órgãos Administrativos da Bósnia-Herzegovina, o Ministério da Segurança da Bósnia-Herzegovina é responsável pelo Sector de Protecção e Salvamento:

- Implementação das obrigações internacionais e cooperação no quadro da protecção civil
- Coordenar as actividades dos serviços de protecção civil das Entidades na Bósnia e Herzegovina e harmonizar os seus planos em caso de catástrofes naturais e outras que afectem o território da Bósnia e Herzegovina.
- programa e adopção de planos de protecção e salvamento.

O Conselho de Ministros da Bósnia e Herzegovina, na sua 83ª sessão[rd] de 9 de Abril de 2009, adoptou o novo Manual de Regras para a Organização Interna do Ministério da Segurança da Bósnia e Herzegovina. Em conformidade com este Regulamento, foi adoptada uma nova sistematização das posições de trabalho, segundo a qual o Sector da Defesa Civil passou a chamar-se Departamento de Protecção e Salvamento, onde foi criado o Centro Operacional de Comunicação da BiH-112. Em conformidade com os regulamentos e a nova sistematização do posto de trabalho, o Sector de Protecção e Salvamento é constituído por:

- Departamento de Cooperação e Coordenação Internacional
- Divisão de Planeamento Estratégico, Protecção e Salvamento
- Departamento de Estrutura e Formação e
- Centro de Comunicação Operacional da Bósnia-Herzegovina - 112

As administrações de protecção civil das entidades foram estabelecidas nos níveis organizacionais inferiores da protecção civil e do salvamento (Protecção Civil Federal

Administração da Federação da Bósnia e Herzegovina e da Administração da Defesa Civil da República da RS) e do Departamento de Segurança Pública do Distrito de Brcko da Bósnia e Herzegovina (Serviço de Defesa Civil).[11]

Capítulo 3 Desenvolvimento da protecção civil na República de Srpska

A protecção civil na RS é um campo de protecção e salvamento, que é relativamente jovem, fundado nos anos da guerra (os "anos 90") e apoiado pelo Acordo de Paz de Dayton, que é na realidade a constituição da Bósnia-Herzegovina.

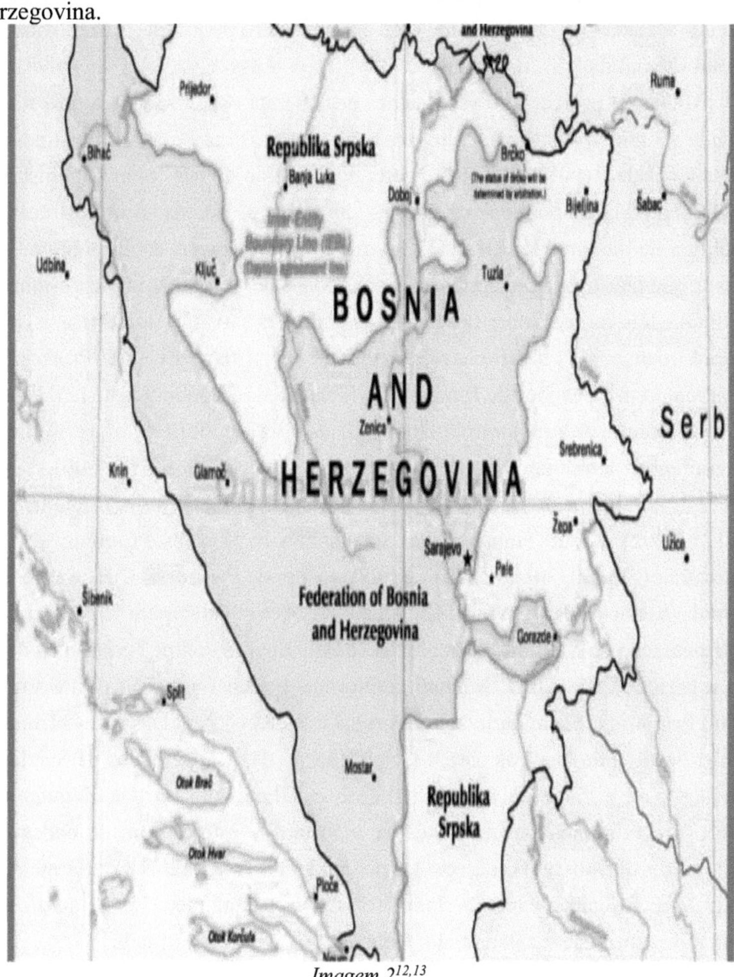

Imagem 2[12,13]

Regulamentos legais sobre o controlo de catástrofes na RS

O documento básico que regula o campo da protecção e salvamento na RS é a *Lei de Protecção e Salvamento em Situações de Emergência* ("Jornal Oficial da RS", n.º 121/12), que foi adoptada no final de 2012, resultando na harmonização da Lei de Defesa Civil da Entidade com a Lei-Quadro de Protecção e Salvamento ("Jornal Oficial da RS", n.º 50/08).

O sistema de protecção e salvamento no RS está organizado em dois níveis: entidade e município. A mais alta instância deste sistema é a Administração da Defesa Civil da República, que faz parte do Governo da RS como administração independente da República, devido às emendas à Lei da Administração da República de Janeiro de 2017. O chefe da Administração da República é um director que tem três vice-directores e é responsável perante o primeiro-ministro do RS. As leis do RS sobre protecção civil no RS são: Lei que altera a Lei de Contra-Ordenações ("Diário da República", nº 1/09), Lei de Protecção e Salvamento em Situações de Emergência ("Diário da República", nº 121/12), Lei de Procedimento Administrativo Geral ("Diário da República", nº 1/09), Lei de Procedimento Administrativo Geral ("Diário da República", nº 1/09), Lei de Protecção e Salvamento em Situações de Emergência ("Diário da República", nº 121/12) 13/02), Lei do Transporte de Substâncias Explosivas e Líquidos e Gases Inflamáveis ("Jornal Oficial da RS", Nº 78/11), Lei de *Protecção* Contra Incêndios ("Jornal Oficial da RS", Nº 71/12): Plano de Actividades para a Preparação e Implementação de Medidas de Protecção e Salvamento contra Terramotos no RS para o período 2016-2019; Manual de Normas para a Formação de Pessoas no Ensino Primário e Secundário sobre Perigos e Protecção em Desastres Naturais e Outros; Manual de Normas para a Determinação das Capacidades de Saúde dos Cidadãos para a Participação na Protecção e Salvamento no RS; Regulamento sobre o procedimento de informação e a forma de intercâmbio de dados com outros países que possam ser afectados por acidentes com efeitos transfronteiriços; Currículo de formação para o período 2016-2019; Regulamento sobre a utilização do sinal de protecção e salvamento; Regulamento sobre prioridade

Assistência na reparação de danos em propriedades residenciais; Manual de regras sobre a concepção, conteúdo e utilização de cartões de identidade para unidades de defesa civil e membros de equipas; Guia de vestuário e etiquetas para unidades de defesa civil e membros de equipas; Decreto sobre o conteúdo e método de elaboração do plano de protecção contra catástrofes naturais e outras; Decreto sobre a organização e funcionamento do sistema de observação, informação e alerta. Estrutura *Organizacional da Administração da República da Defesa Civil* A *estrutura* organizacional da Administração da República da Defesa Civil consiste no Sector de Organização, Planeamento e Formação e no Sector de Desminagem.Estrutura organizativa do Sector da Organização, Planeamento e FormaçãoO Sector da Organização, Planeamento e Formação: realiza actividades especializadas e outras actividades relacionadas com a melhoria e desenvolvimento da protecção civil; organiza e prepara forças de protecção civil; elabora leis, regulamentos e documentos de planeamento no domínio da protecção civil; prepara orientações no domínio da protecção civil; organiza, planeia e realiza exercícios sobre a estrutura da protecção civil; informa a população sobre catástrofes naturais e outras catástrofes. Este sector é composto por três departamentos.Departamento de Planos e Medidas de Gestão de Catástrofes: Realiza actividades de peritos e outras actividades relacionadas com a preparação de leis, regulamentos e documentos de planeamento neste campo; executa tarefas relacionadas com planos e medidas de prevenção de desastres; propõe a estrutura organizacional das forças de prevenção de desastres; coordena actividades para unificar documentos de planeamento; prepara decisões e instruções relevantes para a implementação de medidas de prevenção de desastres; prepara análises e relatórios sobre o estado da prevenção de desastres; coopera com os municípios e outros assuntos relevantes para a protecção e salvamento de desastres naturais e outros. Departamento de Formação, Cooperação Internacional e Informação: executa tarefas especializadas e outras relacionadas com a preparação de leis, regulamentos e outros documentos de planeamento neste campo; realiza actividades relacionadas com formação, cooperação internacional e informação.

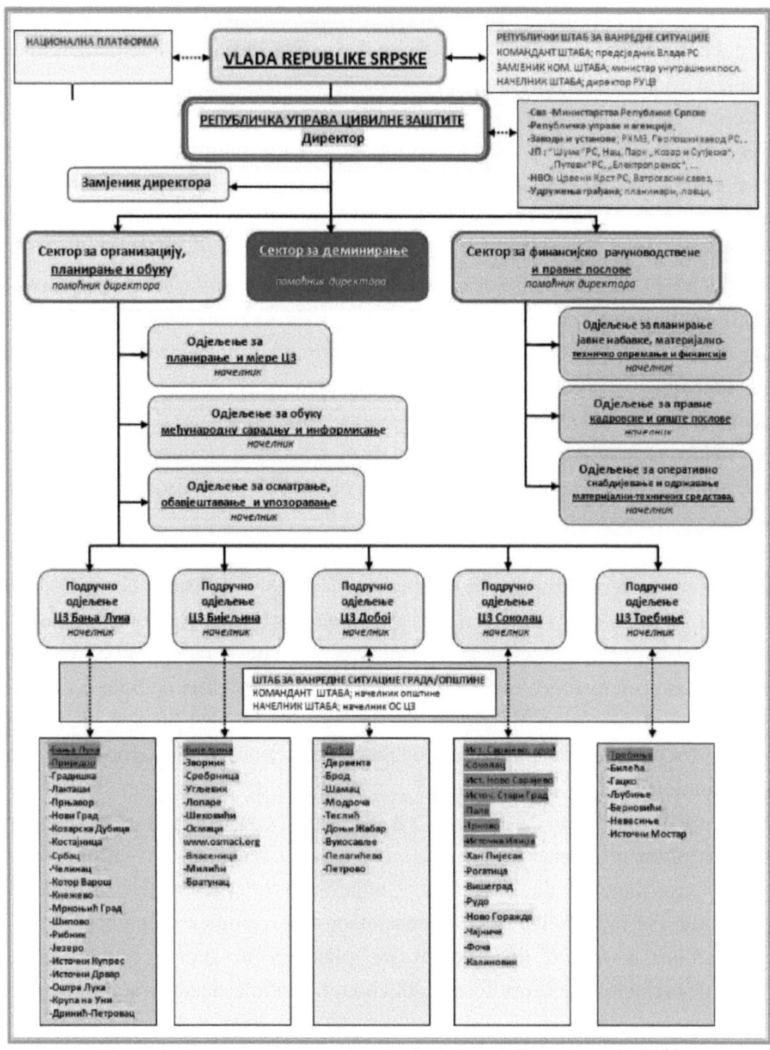

Figura 3. Estrutura da organização de defesa civil no plano da RS[14]

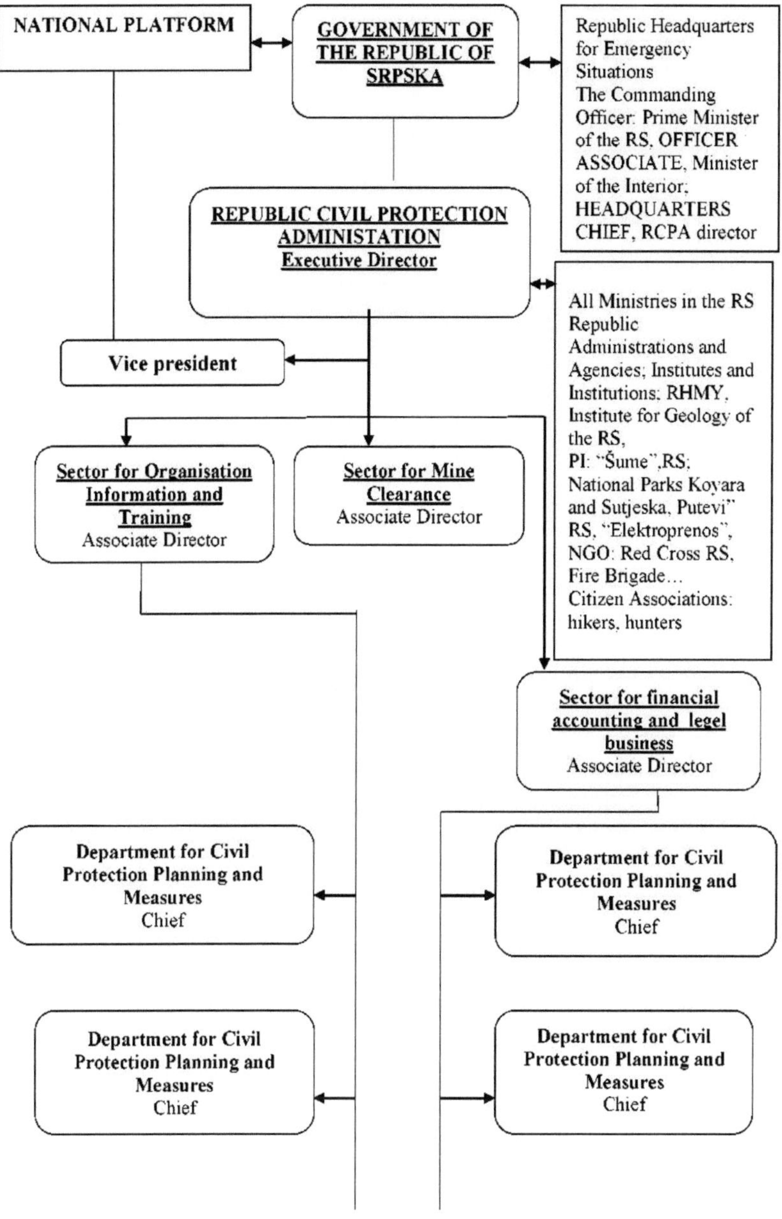
NATIONAL PLATFORM
GOVERNMENT OF THE REPUBLIC OF SRPSKA
Republic Headquarters for Emergency Situations The Commanding Officer: Prime Minister of the RS, OFFICER ASSOCIATE, Minister of the Interior; HEADQUARTERS CHIEF, RCPA director
REPUBLIC CIVIL PROTECTION ADMINISTATION
Executive Director
All Ministries in the RS Republic Administrations and Agencies; Institutes and Institutions; RHMY, Institute for Geology of the RS, PI: "Šume",RS; National Parks Koyara and Sutjeska, Putevi" RS, "Elektroprenos", NGO: Red Cross RS, Fire Brigade... Citizen Associations: hikers, hunters
Vice president
Sector for Organisation Information and Training
Associate Director
Sector for Mine Clearance
Associate Director
Sector for financial accounting and legel business
Associate Director
Department for Civil Protection Planning and Measures
Chief
Department for Civil Protection Planning and Measures
Chief
Department for Civil Protection Planning and Measures
Chief
Department for Civil Protection Planning and Measures
Chief

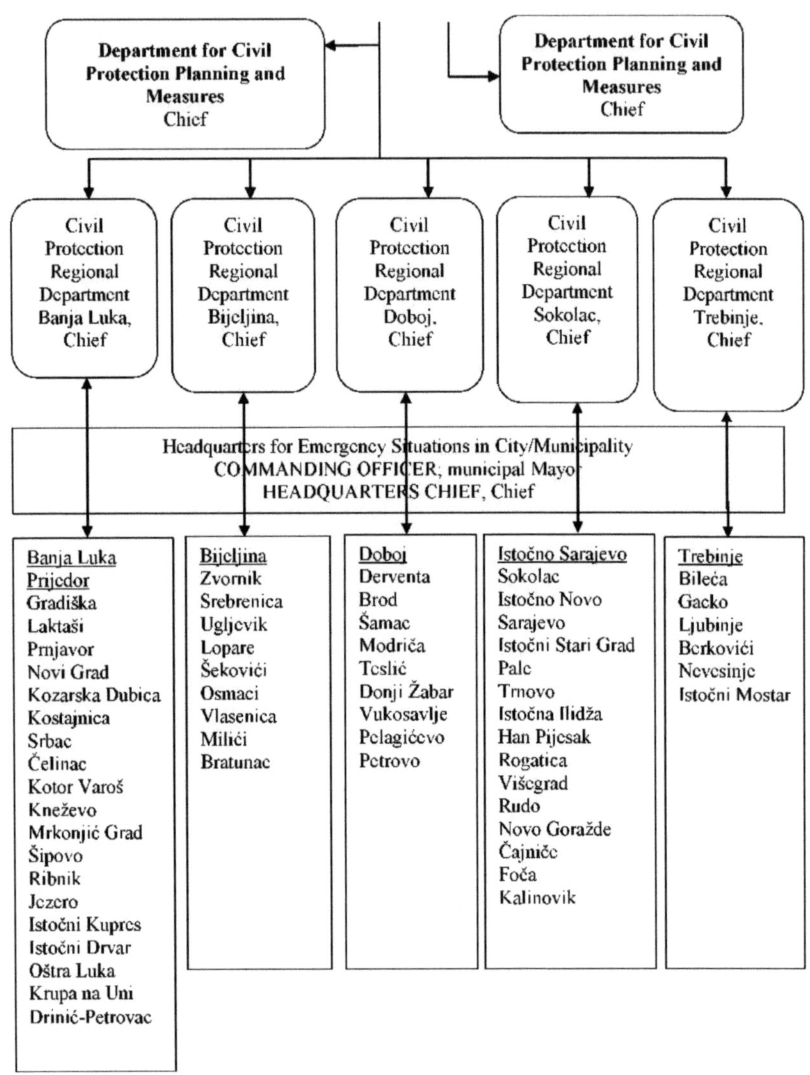

Figura 4. tradução de sérvio para inglês

Cooperação, projectos e informação; preparação de informação profissional; cooperação com associações profissionais e outras instituições que se ocupam da organização de formação no domínio da protecção civil; propostas para a participação em seminários nacionais e internacionais no domínio da protecção civil a privilegiar.Departamento de observação, informação e alerta; executa tarefas profissionais e outras relacionadas com a preparação de leis, regulamentos e outros documentos de planeamento neste campo; realiza actividades relacionadas com a observação, informação e alerta; coordena o fluxo suave de informação entre a Administração da República e sujeitos de protecção e salvamento de desastres naturais e outros; propõe medidas para melhorar o funcionamento e eficiência deste sistema de observação, informação e alerta; coopera com sujeitos relevantes para a protecção e salvamento de desastres naturais e outros.Os departamentos regionais de controlo de catástrofes executarão tarefas técnicas e outras relacionadas com a preparação de leis e outras catástrofes no território desse departamento e controlarão a ligação e o funcionamento do sistema de controlo de catástrofes. Realizam actividades de planeamento de coordenação e organizam acções e forças no território da divisão regional. Coordenam e dirigem as actividades dos sujeitos municipais e de outras instituições importantes para a protecção e salvamento. Eles propõem, preparam e organizam seminários, formações e tarefas das forças de defesa civil na área deste Departamento. (http: //wwww.ruczrs .net).Sector de desminagemAs tarefas básicas deste sector são: a remoção de engenhos por explodir e desminagem; a recuperação de feridos e mortos de campos minados; a limpeza de terrenos e casas para o regresso de refugiados e pessoas deslocadas; a participação na elaboração de leis, regulamentos e outros documentos de planeamento nesta área; preparação de orientações sobre procedimentos padrão para a desminagem; realização de controlos de qualidade na desminagem; coordenação com o Centro de Desminagem na Bósnia-Herzegovina e outras organizações caritativas e não governamentais; realização de actividades de peritos e outras actividades neste domínio. (http://www.ruczrs.net).

Figura 5[15]

3.1. Forças de Defesa Civil

Não existem unidades operacionais de protecção civil a nível da BiH, mas existe a possibilidade de estabelecer uma unidade internacional de socorro composta por unidades do distrito de Brcko e das entidades. As únicas forças operacionais a nível estatal são as Forças Armadas da Bósnia-Herzegovina. De acordo com as leis das entidades e do Distrito de Brcko relacionadas com a protecção e salvamento da população e dos bens materiais, são criadas unidades de protecção civil, preparadas e formadas como forças de resposta a emergências.

A sua tarefa é tomar medidas imediatas de protecção e salvamento em caso de catástrofes naturais e outras calamidades e eliminar as consequências causadas por estas catástrofes. Estas unidades são estabelecidas como unidades de finalidade geral e especial com base na análise de ameaças. No RS, são formadas unidades de defesa civil a nível municipal/cidades, enquanto a administração da República formou apenas uma unidade para munições e minas por explodir.

Destruição. A unidade é composta por 80 membros divididos em 4 equipas especializadas A para a destruição de engenhos por explodir e minas e 6 equipas B para a desminagem.

As unidades de defesa civil são geridas pelo presidente da câmara ou pelo chefe da cidade (Centro de Estudos de Segurança BiH, 2010). O RS ainda não realizou todas as actividades relacionadas com a formação de unidades em termos de análise de ameaças, mas ainda se encontra numa fase de "recolha" do estado real das pessoas e dos recursos técnico-materiais disponíveis. As unidades de destruição de engenhos por explodir e os corpos de bombeiros profissionais são uma excepção. Para facilitar o conhecimento, é apresentada uma unidade e uma secção de equipa da defesa civil especializada na cidade de Banja Luka .[16]

A cidade de Banja Luka tem 148.576 habitantes na parte urbana e 50.615 na parte rural, organizados em 29 municípios urbanos e 28 municípios rurais. As unidades para tarefas gerais e especiais são organizadas em pelotões e departamentos. Na parte urbana existem 31 pelotões e 8 departamentos com 870 membros da Defesa Civil, enquanto nos municípios rurais existem 7 pelotões e 21 departamentos com um total de 430 membros responsáveis pela organização. Não existem dados disponíveis sobre a eficácia destas forças, uma vez que não foram treinadas nem auditadas. As tarefas básicas dos pelotões e departamentos são: Protecção contra incêndios, primeiros socorros médicos, protecção contra inundações, salvamento de detritos, cuidados e evacuação, veterinários, saneamento, protecção de plantas e produtos vegetais, protecção RHB, salvamento de alturas e manutenção da paz e da ordem.

Direitos e deveres dos órgãos administrativos da República no domínio da protecção civil

Os direitos e deveres dos órgãos administrativos da República no domínio da protecção civil são regulados pela Lei sobre Protecção e Salvamento em Situações de Emergência, que foi adoptada em 2012 e alterada em 2017.

Direitos e obrigações do Governo da RS em relação à protecção civil

No domínio da protecção e salvamento, o Governo deve assegurar a concepção e desenvolvimento do sistema de protecção e salvamento da República e a combinação prevista de partes e tarefas do sistema numa única unidade, e em particular: organiza a protecção civil e o salvamento de catástrofes naturais e outras; estabelece o programa de protecção e salvamento; o programa de redução do risco de catástrofes naturais e outras; estabelece a avaliação da ameaça de catástrofes naturais e outras; estabelece o plano de protecção e salvamento de catástrofes naturais e outras; estabelece o plano de formação e preparação das forças de protecção e salvamento; supervisiona e dirige os preparativos para a implementação da protecção e salvamento; fornece assistência para a reconstrução e recuperação de catástrofes naturais e outras; declara o estado das catástrofes naturais e outras; decide sobre a mobilização e ordena o envio de forças e recursos de protecção e salvamento; atribui os recursos financeiros necessários no orçamento do Estado para financiar operações de protecção e salvamento; adopta uma metodologia para avaliar a vulnerabilidade a catástrofes naturais e outras; adopta uma metodologia para a elaboração do plano de protecção e salvamento no território da RS; adopta uma metodologia para a avaliação de danos em catástrofes naturais e outras; estabelece a sede de emergência da República; nomeia uma comissão para a avaliação de danos importantes; determina os bens materiais a serem utilizados para medidas de protecção e salvamento; e realiza outras actividades no domínio da protecção e salvamento.

Direitos e deveres da autoridade de protecção civil

A Administração da Defesa Civil no domínio da protecção e salvamento tem as seguintes tarefas: Desenvolver o programa de protecção e salvamento na RS e o programa de redução do risco de catástrofes naturais e outras; monitorizar, coordenar e implementar políticas e directrizes e assegurar a implementação de leis e outros regulamentos no domínio da protecção civil no sistema de protecção e salvamento; desenvolver uma metodologia para avaliar a vulnerabilidade a catástrofes naturais e outras; desenvolver uma metodologia para preparar planos de protecção e salvamento; desenvolver planos de protecção e salvamento para catástrofes naturais e outras; Desenvolver um programa de equipamento de protecção e salvamento; organizar, preparar e formar a protecção civil no sistema de protecção e salvamento a nível da RS; coordenar as actividades dos principais sujeitos de protecção e salvamento; Coordenação entre os sujeitos de protecção e salvamento no território da RS e os sujeitos de protecção e salvamento da Bósnia e Herzegovina, da Federação da Bósnia e Herzegovina, do Distrito de Brcko, dos países vizinhos e de outros países; obtenção e tratamento de dados sobre todos os tipos de fenómenos e perigos que possam conduzir a catástrofes naturais e outras; organiza e conduz actividades de observação, informação e alerta; adopta e conduz planos e programas de formação para protecção e salvamento; selecciona e participa em projectos científicos e de investigação no domínio da protecção e salvamento; presta assistência profissional no domínio da protecção e salvamento; prepara instruções para as actividades das unidades organizacionais de protecção civil; conduz a destruição de engenhos por explodir e a desminagem; estabelece cooperação internacional através das autoridades competentes; participa em actividades de protecção e salvamento; realiza actividades preventivas, operacionais e pós-operacionais em caso de catástrofes naturais e outras; mantém registos no domínio da protecção e salvamento; ordena a implementação de medidas de preparação; celebra contratos de participação em actividades e tarefas de protecção e salvamento; realiza outras actividades no domínio da protecção civil no âmbito do sistema de protecção e salvamento.

Direitos e deveres dos organismos locais de autogestão

Os órgãos da unidade local de autogestão no domínio da protecção e salvamento têm as seguintes tarefas: A assembleia municipal/local decide sobre a organização e funcionamento da defesa civil no domínio da protecção e salvamento e assegura a sua implementação de acordo com o sistema único de protecção e salvamento no território da RS; prepara uma análise da ameaça de catástrofes naturais e outras; adopta o programa de desenvolvimento da defesa civil no domínio da protecção e salvamento; decide sobre a criação de centros de emergência; planeia e determina as fontes de financiamento da defesa civil; considera a situação no domínio da protecção e salvamento; decide sobre a designação do local para a destruição de engenhos por explodir e desminagem, tal como proposto pela unidade organizativa de defesa civil de um município/cidade, em consulta com a administração da defesa civil; realiza outras actividades no domínio da protecção e salvamento.Medidas de protecção pessoal e mútua na República de SrpskaPersonal e de protecção mútua asseguram a primeira assistência espontânea e organizada para protecção e salvamento em catástrofes naturais e outras emergências que representam um risco permanente para o trabalho e a vida dos cidadãos. (Jakovljevic, 2011). A protecção pessoal e mútua inclui: Formação dos cidadãos, medidas e procedimentos de protecção preventiva, primeiros socorros e auto-ajuda, cuidados a crianças e deficientes, e outras operações de emergência para proteger e salvar pessoas e bens (Tadic, 2013).

A natureza, âmbito e conteúdo das medidas de protecção pessoal e mútua devem ser tais que sejam aceitáveis para todos os cidadãos com um mínimo de conhecimentos e recursos materiais e técnicos. No RS, estas medidas incluem: Protecção da população e dos bens materiais, primeiros socorros médicos, protecção contra incêndios, salvamento de destroços e inundações, cuidados com a população vulnerável e afectada, protecção RCB e protecção e salvamento de animais. Estas medidas estão presentes em todos os sistemas de gestão de catástrofes na região. Uma das características especiais no RS é a importância da protecção contra minas e explosivos.

Desde a sua criação, a Protecção Civil não tem realizado quaisquer exercícios para educar a população sobre como se comportar em várias situações perigosas. A principal actividade é informar a população através dos meios de comunicação ou de brochuras impressas sobre o que fazer em diferentes situações. As dicas mais comuns relacionam-se com as seguintes situações: Inundações, incêndios, terramotos, trovoadas, acidentes de trânsito, deslizamentos de terras, tempestades de calor, avalanches de neve, epidemias de doenças, terrorismo e ataques nucleares. O Sector de Acção Antiminas realiza várias actividades quando se trata de informar os cidadãos sobre como lidar com dispositivos explosivos de minas.

Medidas de protecção e salvamento no RS

As tarefas básicas da protecção civil são realizadas através da organização, preparação e implementação bem sucedida de medidas de protecção e salvamento, que, juntamente com outros elementos, constituem o sistema de protecção civil. As medidas de protecção e salvamento representam certas actividades, acções e procedimentos preventivos e operacionais, cuja organização, preparação e funcionamento são realizados para a protecção e salvamento de pessoas, bens materiais e culturais e para a prevenção das consequências de situações de emergência (Jakovljevic, 2011). As medidas de protecção civil e as actividades do sistema de protecção e salvamento são determinadas por planos de protecção e salvamento adoptados por empresas e outras entidades jurídicas, municípios/cidades e governos. As empresas e outras entidades jurídicas são obrigadas a harmonizar o plano de protecção e salvamento com o plano de protecção e salvamento do município/cidade. O plano de protecção e salvamento do município/cidade está harmonizado com o plano de protecção e salvamento de catástrofes naturais e outras na RS. Os planos de protecção e salvamento podem ser únicos, agregados ou individuais para tipos específicos de catástrofes naturais e outras. Este planeamento assegura a gestão vertical e horizontal de catástrofes. (Jurisic. 2016). A Lei de Protecção e Salvamento na RS prevê as seguintes medidas de protecção e salvamento na RS no Artigo 59: Observação, informação e aviso, protecção de pessoas e bens materiais, protecção contra acidentes, evacuação, protecção da população em risco e afectada, protecção contra riscos radiológicos, químicos e biológicos (RCB), protecção contra epidemias, protecção e salvamento dos escombros, sobre a água e debaixo de água, protecção contra incêndios, protecção contra engenhos por explodir e minas, primeiros socorros médicos, protecção e salvamento de animais e alimentos de origem animal, reabilitação de locais, protecção ambiental, protecção e salvamento em minas, protecção de plantas e produtos vegetais e obrigações gerais (Zoric, 2016).

Capítulo 4 Desenvolvimento da Protecção Civil através do Prisma da União Europeia

Nem académicos nem peritos abordaram especificamente a estrutura e o desenvolvimento da gestão de catástrofes na RS. Uma compreensão mais séria da gestão de catástrofes começou a surgir após as inundações de Maio de 2014.

Até então, todo o desenvolvimento era sem planos de desenvolvimento a longo prazo e focado principalmente nas necessidades actuais. A compreensão superficial da gestão de catástrofes levou a um aumento da extensão dos danos em situações de emergência e à incapacidade de todo o sistema de responder adequadamente à situação de emergência causada pelas cheias de Maio de 2014. Os primeiros passos sérios para compreender a importância do desenvolvimento da gestão de catástrofes e da cooperação internacional sobre estas questões não são infelizmente um produto da visão dos sujeitos políticos. Para ser bastante honesto, o avanço foi feito por alguns entusiastas que perceberam a importância e a necessidade do desenvolvimento da gestão de catástrofes (Jurisic, 2016).

Existe uma cooperação mais intensa com a UE, que estava interessada em organizar a protecção civil na Bósnia-Herzegovina, e portanto também na RS, em conformidade com a Decisão sobre a organização da protecção civil na UE[17] e na aplicação das directrizes para ajudar o país anfitrião a receber assistência internacional para protecção e salvamento[18] . No âmbito destas actividades, a Bósnia e Herzegovina cooperou estreitamente com a Autoridade de Gestão de Catástrofes do Reino da Dinamarca (DEMA)[19] . O resultado foi a produção do Manual de Avaliação Baseada no Risco[20] e, posteriormente, a Avaliação dos Riscos de Cheias e Deslizamentos de Terra para o Sector da Habitação na Bósnia-Herzegovina[21] . A cooperação com a DEMA começou antes de 2014, mas foi intensificada especialmente após a experiência negativa com as inundações, que atingiram proporções catastróficas em alguns municípios. A avaliação dos riscos de inundações para o sector da habitação baseia-se na metodologia preliminar de avaliação dos riscos de inundações para a Bósnia e Herzegovina, que está em conformidade com a Directiva 2007/60/ES do Parlamento Europeu e do Conselho relativa à avaliação e gestão dos riscos de inundações.

A avaliação do risco de deslizamento de terras é baseada no mapa da BiH que mostra a área propensa ao deslizamento de terras. A abordagem do processo hierárquico analítico (AHP) foi utilizada para avaliar a vulnerabilidade e o risco de desabamento de terras. A UE e aDEMA ajudaram na preparação de estimativas, uma vez que as inundações e os deslizamentos de terras são os perigos naturais mais óbvios na BiH. Na BiH, 131 planícies aluviais foram identificadas como estando em risco significativo. Estas áreas estão localizadas num total de 71 municípios com o maior risco de inundações. As zonas centrais propensas ao deslizamento de terras estão localizadas na parte norte do território da Bósnia-Herzegovina, o resto no centro da Bósnia e nas partes meridionais da Bósnia-Herzegovina. A área total de áreas propensas a inundações e deslizamentos de terras é de 210.425 ha (tão grande como as cidades de Banja Luka e Prijedor juntas). O número total de habitantes que vivem em áreas com risco extremamente elevado de inundação é de 287.777, e o número total de habitantes que vivem em áreas com risco extremamente elevado de deslizamento de terras é de 260.731. A área residencial com risco extremamente elevado de inundação totaliza 8.103, 620 m^2 . Extraído da Avaliação dos Riscos de Cheias para o Sector da Habitação na Bósnia-Herzegovina, 2015. A referida avaliação dos riscos de cheias e deslizamentos de terras é uma boa base para avaliar outros riscos que podem ocorrer na RS e pelos quais a protecção civil é responsável. Graças à cooperação com a UE, a qualidade da avaliação dos riscos da RS, que foi o documento de origem para quase todos os municípios locais para a sua avaliação, melhorou ainda mais. Alguns municípios ainda não realizaram estas avaliações, o que está na base da conclusão de que a protecção civil e a sua importância ainda não foram compreendidas ao ponto de poder responder a muitas ameaças.

Observou-se também que muitas comunidades locais não implementaram plenamente o Plano de Acção Preventiva, de Preparação, de Mobilização e de Resposta Urgente. A decisão sobre o Mecanismo da União para a Protecção Civil, 1313/2013/UE, a cooperação com o DEMA e o aumento da cooperação internacional são um dos iniciadores do desenvolvimento e reforço da protecção civil na RS (Zoric, 2017).

O Mecanismo da União é uma expressão visível da solidariedade europeia, uma vez que dá um contributo prático e oportuno para a prevenção de catástrofes, preparação e resposta a catástrofes e ameaças iminentes, sem prejuízo dos princípios orientadores e disposições relevantes no domínio da protecção civil. A presente decisão não deverá, por conseguinte, afectar os direitos e obrigações dos Estados-Membros no âmbito de acordos bilaterais e multilaterais relativos às matérias abrangidas pela presente decisão, nem a responsabilidade dos Estados-Membros pela protecção da população, do ambiente e dos bens no seu território.

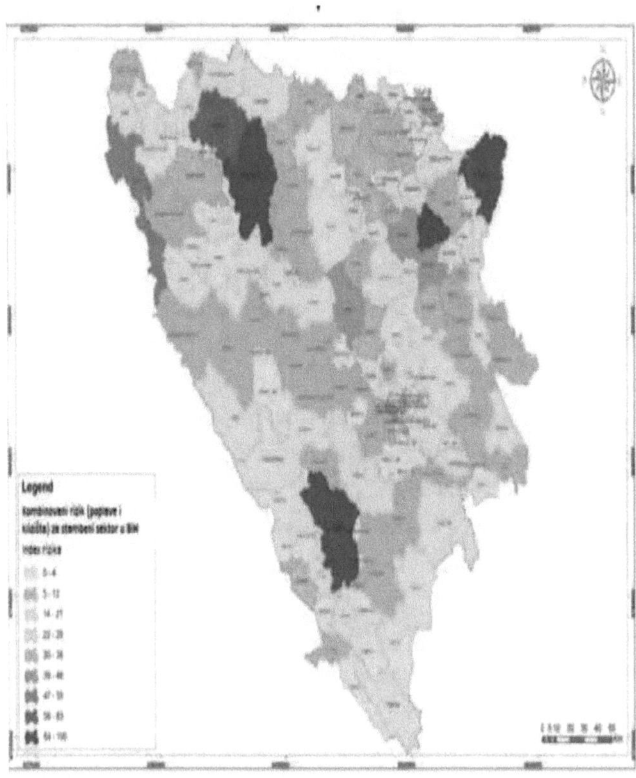

22

Figura 6. Riscos combinados (inundações e deslizamentos de terras) para o sector residencial na Bósnia-Herzegovina[22]

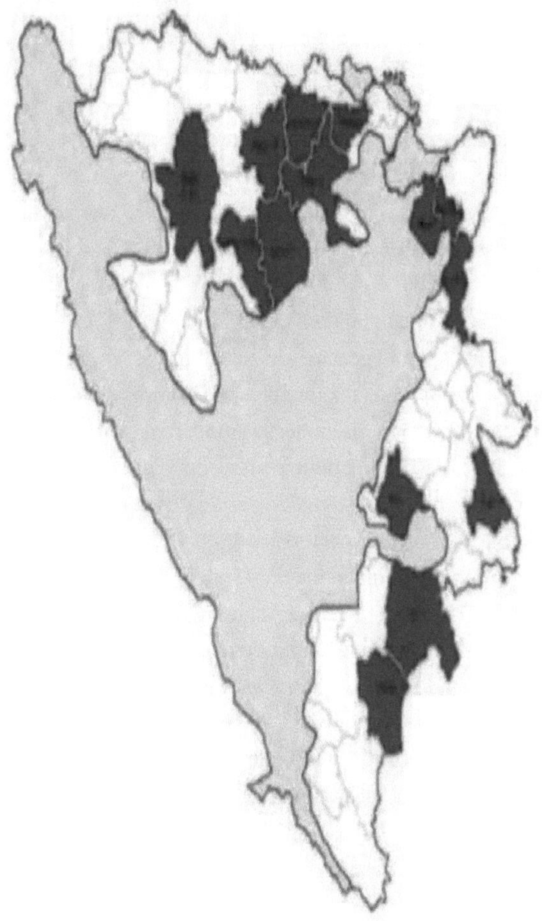

Figura 7: Municípios afectados pelos desabamentos de terras na República de Srpska.[23]

Capítulo 5 Ciências do Sistema de Defesa Civil na República de Srpska

Teoria da organização institucional na concepção do sistema de gestão de catástrofes

Na maioria dos países do mundo moderno, uma organização bem sucedida é inimaginável sem protecção civil, cujo principal objectivo é proteger e salvar a população. Considerando os actuais desafios, riscos e ameaças à segurança, que muitas vezes causam uma destruição grave com consequências trágicas para vidas humanas e bens materiais, o esforço de organizar a protecção civil tanto a nível internacional como local é compreensível.

A actual evolução da gestão de catástrofes, o empenho dos actores internacionais e dos governos nacionais numa compreensão mais séria da gestão de catástrofes no contexto da ameaça moderna, a incerteza causada pelas alterações climáticas, o futuro pouco claro do planeta Terra, tudo isto leva a conceptualizar a estrutura do sistema de gestão de catástrofes em termos de teoria de organização institucional e isomorfismo.

Ao aplicar a teoria organizacional, o estado real do sistema de gestão de catástrofes e os seus pontos fracos tornam-se claros. Ao mesmo tempo, cria a oportunidade de desenvolver o sistema de que necessitamos no campo da gestão de catástrofes. A história da organização é tão antiga como a da humanidade (Cloete, 1994).

Por outras palavras, mesmo nos primeiros dias, as pessoas tinham de fazer planos em conjunto para alcançar determinados objectivos. Estes objectivos poderiam ser a protecção das suas famílias, a recolha de alimentos ou a construção de abrigos, mas mesmo nestas tarefas básicas, é evidente a necessidade de organizar actividades para que o trabalho seja feito. Isto mostra que os humanos têm uma consciência das necessidades organizacionais.

As organizações são sistemas sociais construídos constituídos por grupos e indivíduos que trabalham em conjunto para alcançar os objectivos acordados. O argumento central da teoria organização-instituição é que a estruturação e funcionamento da organização num sector económico ou social é determinado pelas instituições e não pelos mercados desse sector (Meyer, Rowan, 1977).

Se entendermos a organização e funcionamento de um sector desta forma, então o isomorfismo organizacional é apenas uma consequência natural e lógica. As organizações assemelham-se porque aplicam o mesmo padrão de estrutura e funcionamento que é criado ao nível do sector, institucionalizado e como tal imposto a todas as organizações do sector. Há um número crescente de sectores da economia e da sociedade em que o processo de estruturação e funcionamento organizacional já não segue os postulados da teoria da contingência, mas sim os descritos pela teoria da organização institucional. É por isso que esta teoria está hoje a tornar-se cada vez mais importante como quadro de investigação para a compreensão das organizações modernas.

O isomorfismo organizacional é um dos sintomas da mudança social, o que leva a que as teorias organizacionais existentes se tornem obsoletas e a que surjam teorias mais recentes. Não pode ser explicado pelas teorias organizacionais que prevaleceram na segunda metade do século XXth . A teoria de organização contingente dominante explica a organização como um processo racional em que a gestão organizacional, tendo em conta o contexto em que se encontra e os factores relevantes que a influenciam, selecciona o modelo organizacional mais racional que produzirá o melhor desempenho económico (Mintzberg, 1979).

A teoria da organização institucional é um quadro teórico para compreender o isomorfismo organizacional e estruturar as organizações contemporâneas em muitas áreas da sociedade contemporânea. Esta teoria tem o potencial de explicar o isomorfismo, uma vez que difere da teoria da organização contingente das três formas seguintes (Scott, 2001):

Primeiro, de acordo com a teoria da organização institucional, o processo organizacional não é uma decisão racional da liderança organizacional, mas a organização realiza-se através da adopção de uma estrutura institucional já formada e de uma forma funcional;

Em segundo lugar, a estrutura e funcionamento do modelo organizacional não teve origem dentro da própria organização, mas fora dela, num quadro institucional, e aplica-se a todas as organizações de um sector.

Terceiro, os padrões institucionais de organização e estrutura de um sector não são necessariamente racionais do ponto de vista técnico e economicamente eficientes.

O postulado básico da teoria da organização institucional é, portanto, que a estrutura e o funcionamento de todas as organizações de um sector segue os padrões institucionais criados nesse sector e impostos a todas as organizações desse sector (Scott, 1987).

Uma revisão bibliográfica mostra que as organizações sob pressão para aplicar estruturas institucionalizadas e padrões de funcionamento podem responder de diferentes formas.

Em primeiro lugar, podem satisfazer os requisitos do ambiente institucional e aceitar e aplicar plenamente as regras institucionalizadas de estruturação e funcionamento. Esta resposta organizacional é esperada em primeiro lugar e está de acordo com os postulados da teoria institucional.

Em segundo lugar, as organizações podem adaptar o seu padrão institucional de acordo com as suas necessidades e recursos, valores ou interesses e aplicar esse padrão feito à medida. (Oliver, 1991) chamou a este processo um compromisso e (Pedersen e Dobbin, 2006) uma hibridação.

Em terceiro lugar, as organizações podem ser definidas como utilizando padrões institucionais quando, de facto, não o fazem. A ficção é obtida através da utilização de símbolos, tais como rituais, formulações linguísticas e símbolos materiais.

Este processo é descrito por (Meyera e Rowan, 1977) e por (Edelmana, 1992), enquanto que (Olivie, 1991) se refere a ele como evitação e (Pedersen e Dobbin, 2006) como transformação.

Em quarto lugar, em determinadas circunstâncias, uma organização pode mesmo recusar, de forma mais ou menos agressiva, a aplicação de um padrão institucional, seja de forma explícita ou dissimulada. O resultado é a inércia organizacional (Hinings e Greenwood, 1988). (Casile e Davis-Blake, 2002) também descrevem este cenário, enquanto (Pedersen e Dobbin, 2006) lhe chamam imunização.

Com a Decisão 2001/792/UE que estabelece o Mecanismo Comunitário de Protecção Civil e a Decisão do Conselho da UE 2007/162/UE que estabelece um Instrumento Financeiro de Protecção Civil, os Estados-Membros demonstraram a sua ambição de criar um sistema baseado na teoria da organização institucional. A rápida evolução dos fenómenos de ameaça que transcendem as fronteiras nacionais e tornam as autoridades estatais incapazes de responder, levou a União a adoptar a Decisão sobre o Mecanismo de Protecção Civil da União (1313/2013/UE) em 2013, que consolida as actividades anteriores no domínio da protecção civil. Com esta decisão, os Estados-Membros e aqueles que desejam tornar-se Estados-Membros adoptaram as regras institucionalizadas de estruturação e actuação no domínio da protecção civil. Ao mesmo tempo, têm mantido um padrão que protege certos valores, recursos ou interesses do território nacional.

O pressuposto de uma estrutura e funcionamento uniformes que se aplicam a todas as organizações de um sector é a base desta decisão, que é um dos pré-requisitos básicos da teoria da organização institucional. Os documentos mais importantes da UE contendo regulamentos para situações de emergência e, portanto, para a organização da protecção civil, são as Directivas Seveso I e Seveso II.

Os antecedentes para a adopção destes documentos são vários acidentes que ocorreram na segunda metade do século XXth . Os acidentes em Flicksborough em Inglaterra em 1974 e em Seveso em Itália em 1976 foram um impulso para que as instituições da Comunidade Europeia adoptassem regulamentos apropriados. Após três anos de negociações no Parlamento Europeu e no Conselho de Ministros da CE, a Directiva Seveso I foi adoptada em 1982. Dez anos após a sua adopção, estima-se que os países da UE tenham evitado mais de 130 desastres técnico-tecnológicos. Este é também um dos argumentos válidos que apoiam a aplicação da teoria da organização institucional (Culibrk, 2011), (Zoric, 2017).

Capítulo 6 Activação do Mecanismo de Protecção Civil da UE na Bósnia e Herzegovina

Devido aos recursos e capacidades limitadas da Protecção Civil e das Forças Armadas, estimou-se que a Bósnia e Herzegovina não conseguia responder plenamente a todos os pedidos. Sob proposta do Ministério da Segurança, o Conselho de Ministros da Bósnia e Herzegovina adoptou uma decisão sobre o pedido de assistência internacional em 15 de Maio de 2014. Com base na decisão do Conselho de Ministros da Bósnia-Herzegovina, o Ministério da Segurança da Bósnia-Herzegovina apresentou um pedido de assistência internacional através do Mecanismo de Protecção Civil da UE e do ERDCC da OTAN[24] . A 16 de Maio, as primeiras equipas de salvamento chegaram à Bósnia-Herzegovina através da Agência de Coordenação de Protecção e Salvamento. Exactamente 850 pessoas de salvamento estiveram envolvidas nestas equipas. Este foi também o maior destacamento do Mecanismo de Protecção Civil da UE desde 2002. As numerosas actividades do Mecanismo são aqui brevemente descritas com base na fase de resposta às cheias e na fase de reconstrução.

A assistência internacional aceite ao abrigo do Mecanismo de Protecção Civil consiste em: Equipa da Eslovénia, uma equipa especializada de bombeiros e socorristas que se ocupa da bombagem de água de edifícios e sacos de água em depressões, 58 pessoas, 21 veículos e 50 bombas; unidade de bombeiros eslovena composta por duas equipas de 8 membros cada, uma que se ocupa da bombagem de água e a outra da desinfecção, 16 pessoas, 3 bombas de baixa capacidade e 3 veículos; Equipa de Itália empenhada em bombear água de edifícios e sacos de água em depressões, 38 pessoas, 18 veículos, 1 bomba de alta capacidade e 10 de capacidade média; HELP, uma organização humanitária alemã empenhada em tarefas de evacuação e desbloqueio da rede eléctrica, 6 pessoas, 1 camião de bombeiros, 1 veículo todo-o-terreno, 4 bombas, 1 gerador e outros equipamentos. Unidade especializada em incêndios do Reino Unido encarregada de tarefas de evacuação, fornecendo alimentos e água e rede eléctrica, 33 salvadores com equipamento; equipa especializada turca de uma empresa de serviços públicos em Istambul encarregada de bombear e drenar água de edifícios e bolsas de água em depressões, 50 pessoas, 19 veículos, 15 bombas; equipa de salvamento do

Luxemburgo, 5 barcos a motor, 6 veículos e 23 salvadores; equipa de salvamento da Eslovénia, 4 barcos a motor, 12 salvadores; 1 helicóptero para evacuação da Eslovénia; equipa da Polónia com duas bombas para bombeamento de água e lama de alta capacidade, 37 pessoas e 15+3 veículos; duas equipas da Dinamarca trabalhando no tratamento de água em Samac, 16 pessoas, 3 bombas de menor capacidade e 3 veículos; 2 helicópteros para evacuação da Croácia; 2 barcos a motor da Croácia; equipa da Eslovénia, 4 barcos a motor, 6 veículos e 12 socorristas; equipa internacional para limpeza de poços e sistemas de esgotos. Estas equipas ajudaram a evacuar e resgatar 3000 pessoas, limpar 4 milhões de litros de água e bombear mais de 4 milhões de m3 de água das áreas inundadas. Durante as cheias, 22 pessoas morreram e 2 desapareceram. Sem a assistência atempada prestada ao longo do processo, o número de vítimas seria muito mais elevado.

Fase de recuperação

A 15 de Agosto, a União Europeia lançou o programa comunitário de reconstrução na Bósnia-Herzegovina no valor de 43,52 milhões de euros, com uma contribuição da UE de 42,24 milhões de euros. As actividades do programa centram-se na reconstrução de 4.000 edifícios para cerca de 14.000 pessoas, assim como 100 estradas e pontes locais, 90 instituições educacionais (incluindo pré-escolas), 10 instalações de água e saneamento, 3 edifícios municipais, 4 centros para obras sociais e 4 instalações de saúde. Este programa de reconstrução da UE está em conformidade com a *avaliação das necessidades de reconstrução* levada a cabo pelas autoridades do país com a ajuda da UE, da ONU e do Banco Mundial. Para além das actividades da UE, a Bósnia e Herzegovina também recebeu assistência significativa das agências da ONU. A assistência mais significativa da ONU está relacionada com a implementação de dois programas de reconstrução pós-inundação, nomeadamente

- Programa de recuperação de inundações da UE implementado pelo Programa das Nações Unidas para o Desenvolvimento (PNUD), a Organização Internacional para as Migrações (OIM) e a Fundação das Nações Unidas para a Infância (UNICEF). O valor deste programa foi de 43,5 milhões de euros.
- Programa das Nações Unidas de salvamento das inundações "Today for Us",

cujo valor total ascendeu a 22,6 milhões de dólares.

A Directiva das Inundações 2007/60/CE da UE deve ser implementada tanto para os membros da UE como para os países que ainda não estão na União, mas que têm fronteiras directas com a UE. A razão para isto é que fenómenos ameaçadores, neste caso inundações, atravessam as fronteiras nacionais de um país e tornam-se assim uma questão comum. O Mecanismo de Protecção Civil permite uma intervenção atempada com forças e recursos óptimos nas áreas mais afectadas.

As entidades da BiH e do Distrito de Brcko necessitam de harmonizar a sua legislação no domínio da protecção civil, a fim de assegurar uma cooperação rápida e de qualidade na aplicação deste mecanismo. É também necessário criar uma coordenação mais eficiente a nível da Bósnia e Herzegovina para que o Centro de Comunicação Operacional possa trabalhar de forma mais eficiente. Em primeiro lugar, deve ser utilizado o número de serviço 112. Isto reduziria o tempo necessário para enviar e receber pedidos de assistência e para a distribuir.

A cooperação regional precisa de ser melhorada quando se trata de avaliação de risco, mapeamento de risco, comunicação, planeamento, coordenação de regulamentos, formação mútua e exercícios através da cooperação bilateral dos países da região, especialmente da Croácia, Sérvia e BiH.

Capítulo 7 Documento de base relativo à organização e funcionamento da protecção civil na RS

Nos últimos dez anos, a Administração da Defesa Civil da República estudou e seguiu cuidadosamente a teoria e a prática em todo o mundo e especialmente nos países europeus, tanto no campo das soluções sistémicas no campo da protecção e da gestão de salvamento/desastre como no campo do planeamento. Isto foi para superar a situação que surgiu após a desintegração do antigo Estado (Jugoslávia) e uma guerra de quatro anos nesta região, que teve consequências negativas para o campo da protecção e do salvamento/gestão de catástrofes.

No domínio do planeamento, as soluções e abordagens metodológicas aplicadas na RSFJ, que já não estavam em conformidade com a teoria e a prática aplicadas no mundo, foram na sua maioria adoptadas por inércia.

Uma circunstância muito significativa a este respeito foi a reunião dos representantes da Administração da Defesa Civil da República com os peritos da Autoridade de Gestão de Catástrofes do Reino da Dinamarca (DEMA) e o conhecimento da sua forma de aplicar o "dimensionamento baseado no risco", seguido de uma estreita cooperação entre estas duas instituições e no que respeita ao intercâmbio de conhecimentos e experiências no domínio da avaliação do risco e desenvolvimento de planos de protecção e salvamento, que foi para nós o mais importante a este respeito. Tendo em conta todos os aspectos do método de "dimensionamento baseado no risco", a Administração da Defesa Civil da República considerou que o modelo acima mencionado é uma boa solução em comparação com outros métodos utilizados a nível mundial e que pode ser aplicado na nossa teoria e prática no domínio do planeamento com a adaptação adequada às nossas condições. Subsequentemente, foi adoptada a nova Lei de Protecção e Salvamento em Situações de Emergência, juntamente com o Regulamento sobre o Conteúdo e Método de Preparação de Planos de Protecção em Catástrofes Naturais e Outras Catástrofes, que expressou o compromisso formal e legal de aceitar o referido método.

Ao mesmo tempo, a Administração da Defesa Civil da República da Bósnia-Herzegovina, em cooperação com a DEMA e com a participação do Ministério da Segurança da Bósnia-Herzegovina, implementou o projecto-piloto "Avaliação dos riscos a nível local" em Banja Luka, Prijedor, Trebinje e Bijeljina, que envolveu os chefes dos serviços de defesa civil de todas as cidades e municípios da RS. O objectivo deste projecto era familiarizar as comunidades locais, como segmento fundamental do sistema de protecção e salvamento/gestão de catástrofes, com uma nova abordagem metodológica, mas também testar a possibilidade de o aplicar na prática. O método foi considerado bom e aplicável na nossa teoria e prática[25] .

O artigo 145 da Lei de Protecção e Salvamento em Situações de Emergência estabelece que a identificação, avaliação e monitorização do risco em catástrofes naturais e outras, a atenuação do risco e outros aspectos relacionados com o problema do risco estão entre as áreas estratégicas do programa de protecção e salvamento da RS. Isto dá um significado claro a todo o aspecto do risco, bem como à própria função de planeamento.

O artigo 147º desta lei estipula que o plano de protecção para catástrofes naturais e outras catástrofes na RS consiste nos seguintes elementos

a) Avaliação da ameaça de catástrofes naturais e outras;
b) Planeamento de medidas preventivas;
c) Planeamento da preparação;
d) Planeamento da mobilização;
e) Planeamento de Resposta Urgente.

A avaliação do risco de catástrofes naturais e outras é o documento inicial e básico do plano de protecção e salvamento.

O Regulamento sobre o Conteúdo e o Método de Redacção do Plano de Protecção de Catástrofes Naturais e Outras Catástrofes estabeleceu a abordagem metodológica e o método de redacção do documento. A abordagem metodológica que reflecte a nossa visão do risco, ou seja, a nossa forma de lidar com o próprio risco, pode ser facilmente definida como "dimensionamento baseado no risco". O dimensionamento com base no risco consiste em adaptar a legislação, planos, procedimentos, serviços de emergência, capacidades de prevenção e intervenção e tudo o resto de relevância imediata para a protecção e a gestão de salvamento/desastre aos riscos identificados.

O dimensionamento com base no risco é um processo que consiste em cinco fases interdependentes e condicionais:

a) Etapa 1 - Identificação de riscos,

b) Etapa 2 - Análise de risco,

c) Etapa 3 - Proposta de acção e nível de actividade,

d) 4th Fase - Tomada de decisões sobre a proposta de acção e o nível de actividade,

e) 5th Fase - Implementação da decisão.

Os principais problemas encontrados durante o desenvolvimento da avaliação da ameaça foram: a) a abordagem metodológica básica, que foi mal compreendida por parte dos membros do grupo, o que pode ser explicado pelo facto de ser uma abordagem completamente nova à RS, b) atrasos na implementação dos compromissos, o que perturbou significativamente a dinâmica de trabalho planeada.

As razões para isto podem também ser encontradas na insuficiência de pessoal de certos departamentos, o que pode levar a uma sobrecarga regular, mas sobretudo numa compreensão insuficiente da importância deste documento e, consequentemente, na atribuição de prioridades erradas.

c) não compreendem, na medida do necessário, que as questões de protecção e salvamento são da competência de todos.

d) a falta de dados necessários em certos departamentos. Contudo, para além da riqueza de informação e estatísticas que este documento proporciona mesmo para um observador superficial, existem também algumas desvantagens que podem ser classificadas na área objectiva.

De facto, em certos segmentos, não foi possível apresentar o quadro de risco histórico para o período de recorrência definido no Decreto ou fornecer alguns dados estatísticos devido à falta de continuidade na monitorização de certos eventos, fenómenos, etc. (colapso de um estado comum, circunstâncias de guerra, falta de critérios claros para a gestão de bases de dados após a guerra, etc.).

No entanto, as deficiências mencionadas não afectaram significativamente a qualidade do documento. A estrutura da avaliação da vulnerabilidade pode ser condicionalmente apresentada por três partes inter-relacionadas. A primeira parte fornece dados gerais e informações sobre tópicos específicos, sínteses estatísticas, bem como uma visão geral do estado actual e perspectivas de desenvolvimento.

São fornecidas informações gerais sobre a localização e características do território do RS, população, informações gerais sobre propriedades culturais, características do relevo, características geográficas-pedológicas e hidrogeológicas do solo, deslizamentos de terras, declives e terramotos, clima, regime de precipitação e temperatura, rede hidrográfica e águas subterrâneas, florestas e zonas arborizadas, parques nacionais e parques naturais, agricultura e terrenos agrícolas, riscos químicos, microbiológicos e físicos nos alimentos para consumo humano, saúde e veterinários, desenvolvimento económico e indústrias básicas, energia, minas, acidentes industriais, transportes e infra-estruturas, tipos e categorias de risco radiológico e nuclear, engenhos por explodir e minas, construções ilegais, instalações de alojamento, cozinhas públicas, gestão de resíduos.

No início da segunda parte, é apresentada uma lista de riscos representativos identificados e cenários desenvolvidos para cada um dos riscos enumerados relevantes para o nível RS. Para cada risco representativo, ou seja, cenário, é fornecida a lista de grupos alvo/risco por volume/nível de risco estimado, com uma declaração sobre o impacto transfronteiriço. A terceira parte contém a análise dos cenários representativos e propostas para a acção e nível de actividade destinadas a abordar as fraquezas e deficiências identificadas.

O documento dirige-se, portanto, tanto aos profissionais como ao público em geral no RS e na Bósnia e Herzegovina, bem como na região. A avaliação de risco contém informações e dados analíticos em muitas áreas, ou seja, sectores, que podem satisfazer uma vasta gama de interesses, desde o profissional até ao leigo. Deve também notar-se que os resultados da avaliação do risco se baseiam em análises qualitativas e quantitativas, o que contribui para a sua credibilidade e exaustividade. A avaliação do risco está sujeita a actualização, tanto actual, diária, como regular, periódica, mais abrangente, realizada uma vez a cada 3 a 5 anos, dependendo de mudanças nas circunstâncias ou de elementos essenciais à sua credibilidade.[26]

Prontidão dos bombeiros para missões particularmente exigentes

É dada especial atenção às unidades dos bombeiros, uma vez que são a força de defesa civil mais importante em todo o mundo e, portanto, também na RS. Têm sido um tema particular de análise, cujos resultados foram incorporados na Avaliação de Vulnerabilidade RS.

Resultados da análise

Os cenários representam o risco e o perigo real que existe e é muito comum numa operação de combate a incêndios. Ao mesmo tempo, é uma operação exigente que requer um número adequado de bombeiros, bom desempenho táctico com extintores adequados e conhecimento do processo tecnológico para tomar a decisão certa sobre o método de tratamento.

Os cenários analisados representam operações de combate a incêndios muito desafiantes em que se assume que pode ocorrer uma grande quantidade de danos materiais, que pode estar em risco um grande número de pessoas empregadas num determinado microsite, que as pessoas no ambiente em geral também podem estar em risco e que também podem ocorrer consequências ambientais.

A principal característica de todos estes cenários é que é necessária uma alta velocidade de resposta, ou seja, um tempo crítico após o qual as consequências são incalculáveis. Uma resposta rápida com forças e equipamento adequados, bem como uma abordagem táctica bem escolhida, pode evitar consequências catastróficas.

Na fase de pré-intervenção, é necessário fazê-lo:

1. criar um plano de acção operacional-táctico, tanto para diferentes objectos como para diferentes situações.
2. conhecer as especificidades dos processos tecnológicos e as propriedades básicas das substâncias perigosas utilizadas ou armazenadas.
3. conhecer as capacidades de protecção e salvamento de empresas, instituições públicas e outras.
4. ligar os painéis de controlo do alarme de incêndio de uma determinada área com os bombeiros.

Na fase de apoio, é necessário:

1. assegurar um desempenho eficiente e funcional dos bombeiros.
2. unidades de acordo com as formações prescritas e para equipá-las tecnicamente de acordo com o plano local de protecção contra incêndios do município.

Todas as unidades de bombeiros no RS são profissionalmente treinadas no combate a incêndios, especialmente as que têm regularmente mais incêndios e outras operações na sua área. No caso de um grande incêndio, as unidades de bombeiros não seriam, na sua maioria, capazes de responder adequadamente com os recursos humanos e materiais disponíveis, pelo que seriam obrigadas a pedir ajuda. Os bombeiros da maioria das unidades de bombeiros (em mais de 70% dos casos) têm mais de 20 ou mesmo 30 anos de idade. Para além da idade, existe também um problema de número insuficiente de carros de bombeiros na maioria das unidades de bombeiros. A maioria dos bombeiros não estão adequadamente equipados ou treinados para protecção e salvamento durante as cheias ou outras operações técnicas. Alguns municípios não estabeleceram bombeiros profissionais ou bombeiros voluntários, e alguns bombeiros não têm o número mínimo de bombeiros exigido pela Lei de Protecção contra Incêndios. A maioria dos municípios não dispõe de um plano de protecção contra incêndios.

Medidas e actividades

A fim de eliminar as fraquezas acima mencionadas, é necessário:

1. colmatar numerosas lacunas nos regulamentos legais existentes que regem o trabalho e a organização dos corpos de bombeiros. A ausência de sanções por causar incêndios a céu aberto contribui significativamente para um grande número de incêndios, enormes danos patrimoniais e, em situações extremas, até mesmo perda de vidas. De acordo com a experiência local, é necessário considerar a adopção da Lei de Combate a Incêndios, que resolveria plenamente os problemas e o estatuto dos bombeiros a nível local e regularia a sua organização a nível do RS.
2. Com base na análise da organização e âmbito das tarefas das unidades dos bombeiros, é necessário implementar o procedimento organizacional de acordo com os artigos 39, 44 e 49 da Lei de Protecção contra Incêndios, a fim de poder responder aos incêndios em tempo útil. Note-se que alguns municípios não têm planos de protecção contra incêndios e que nos municípios onde existe um, este não é totalmente implementado (problema com o número de bombeiros e a sua falta de equipamento técnico).

A falta de sanções legais adequadas para a maioria dos responsáveis nas comunidades locais tem consequências negativas que precisam de ser tratadas através de alterações legislativas adequadas.

3. É necessário um desempenho uniforme das tarefas por todos os actores que são obrigados a executar e organizar medidas de protecção contra incêndios em

terrenos florestais e agrícolas, bem como uma melhor coordenação com os membros dos bombeiros no local.

4. Em situações de maior perigo de incêndio, em que a estrutura existente dos bombeiros não é suficiente para assegurar uma resposta adequada devido ao grande número de operações, bem como ao terreno afectado pelo incêndio, devem ser implementadas medidas do plano de protecção contra incêndios no que diz respeito ao destacamento de forças adicionais com o equipamento necessário para o combate a incêndios.

5. A fim de aumentar a capacidade dos bombeiros, é necessário começar a criar o Centro de Formação de Combate a Incêndios da República.

6. É necessário proporcionar formação contínua, ou seja, formar pessoal de segurança contra incêndios nos sectores público e privado, bem como todas as outras entidades que realizam actividades de segurança contra incêndios, incluindo cidadãos.

7. Deve-se trabalhar continuamente na sensibilização e na cultura do combate aos incêndios em geral.

Proposta de medidas e actividades do Ministério do Interior - Administração para a Defesa Civil da República

Os principais pontos fracos do sistema de protecção e salvamento/resposta a catástrofes

Analisando o estado actual do sistema de protecção e salvamento/reacção a catástrofes na RS, concluímos que este se caracteriza por uma falta de coordenação de temas-chave tanto no planeamento da prevenção como da resposta, bem como por um mal-entendido de que lidar com a protecção e salvamento/reacção a catástrofes é o dever de toda a sociedade, o que foi claramente demonstrado, entre outros, durante a preparação do presente documento.

As razões para estes pontos fracos podem ser vistas tanto no domínio objectivo como nas razões e circunstâncias subjectivas em que o sistema funciona. As razões objectivas são as mais importantes e podemos compreendê-las analisando os factos e circunstâncias históricas relacionadas com o colapso do antigo Estado, a guerra que se seguiu e a destruição do sistema de defesa civil.

Após a guerra, a nossa sociedade sofreu mudanças significativas que não precisam de ser aqui elaboradas, excepto pelo facto de as novas circunstâncias se terem caracterizado por uma falta geral de recursos financeiros que não eram suficientes para satisfazer as necessidades crescentes da sociedade e, portanto, não as necessidades do sistema de protecção e salvamento/resposta a catástrofes, que foram frequentemente marginalizadas na lista de prioridades. As razões subjectivas podem ser colocadas no domínio da falta de consciência quando se trata de negligenciar as próprias obrigações ou de as transferir para outra pessoa.

Após a adopção da Lei sobre Protecção e Salvamento em Situações de Emergência e o início das actividades para a elaboração do Plano de Protecção e Salvamento, foi imposta a necessidade de realizar duas actividades estratégicas, que na nossa opinião são cruciais e podem certamente contribuir para a eliminação das deficiências mencionadas. Estas são principalmente as actividades sobre os seguintes tópicos:

1. Criar condições nas quais todas as principais instituições de protecção e salvamento/gestão de catástrofes abordem esta questão de uma nova forma, com base no facto e na obrigação legal de que as tarefas de protecção e salvamento/gestão de catástrofes fazem parte dos seus deveres e de interesse mútuo para todos os cidadãos da República de Srpska.
2. Criar as condições para o papel estratégico do Ministério do Interior e da Administração da Defesa Civil no sistema de protecção e salvamento ou de defesa civil, tal como definido por lei. Estas actividades estão inter-relacionadas e interdependentes, e em algumas áreas de implementação não é possível ou necessário considerá-las separadamente.

Proposta de medida e nível de actividade - Actividades:

- Preparação e organização da reunião entre o Ministério do Interior/Administração da Defesa Civil republicana e os representantes dos principais sujeitos relevantes para a protecção e salvamento a nível da RS (ministérios, institutos e outras instituições) com o objectivo de regular a cooperação futura e as questões de interesse mútuo através da conclusão de um acordo de cooperação mútua que defina a forma de envolvimento dos sujeitos nas tarefas de protecção e salvamento/defesa civil (como unidade ou como serviço),
- para os riscos para os quais não foi estabelecido qualquer serviço (de acordo

com o ponto anterior), devem ser estabelecidas unidades especializadas de protecção e salvamento a nível da RS,
- Reuniões do mesmo tipo e com o mesmo objectivo devem ser preparadas e realizadas com pessoas apropriadas significativas para protecção e salvamento a nível local, que são reconhecidas como significativas para a RS devido à sua importância e capacidades disponíveis (humanas e materiais).
- Criação de uma Equipa de Busca e Salvamento Urbano (USAR) cujo pessoal operacional é composto pelos membros das equipas de desminagem da Administração da Defesa Civil da República e do Corpo de Bombeiros Profissionais, com outros peritos (engenheiros civis, médicos, etc.) trazidos de acordo com as normas internacionais,
- Examinar a possibilidade e necessidade de formar forças aéreas para combater os incêndios na área aberta do RS.

Se a aquisição de aeronaves for considerada justificada, devem ser adquiridas aeronaves que possam ser utilizadas para múltiplos fins (transporte de passageiros e de carga, evacuação, reconhecimento, actividades agrícolas, etc.). As aeronaves seriam baseadas no RS Helicóptero e Serviço Aéreo,
- Estabelecer um fundo especial a nível da RS para apoiar as comunidades e populações locais afectadas pelas consequências de catástrofes naturais e outras,
- Aplicação consistente do artigo 153(2) da Lei sobre Protecção e Salvamento em Caso de Catástrofes Naturais e Outras, que obriga a cidade/município a planear e utilizar 2% dos fundos especiais, dos quais 50% são utilizados para a implementação de medidas preventivas e 50% para o equipamento e formação de estruturas de protecção e salvamento.

Proposta de medida e nível de actividade - Actividades:
- Colaboração com profissionais e académicos no RS para fins de protecção e salvamento,
-criar um centro de formação em protecção e salvamento/gestão de catástrofes no seio do Ministério do Interior. A criação do centro deve ser planeada em cooperação com as principais instituições neste domínio, a fim de satisfazer as suas necessidades. - Criar o Centro de Monitorização, Informação e Alerta no Centro da Administração da Defesa Civil da República e criar gradualmente as

condições (organização, pessoal e material) para a conversão para o sistema 112.

Devem ser feitas as alterações necessárias no sistema de postos de trabalho da Administração da Protecção Civil da República e devem ser concluídas as principais tarefas, que seriam o núcleo do desenvolvimento futuro do Centro, e deve ser melhorado e modernizado o trabalho dos Centros Regionais de Comunicação Operacional (12) existentes da Administração da Protecção Civil da República, - devem ser introduzidas aplicações informáticas/computadores/software modernos e deve ser assegurada a sua implementação no sistema de protecção e salvamento/gestão de catástrofes, - o pessoal da Administração da Protecção Civil da República deve ser reforçado. Neste contexto, devem ser recrutados peritos no domínio da engenharia civil, biologia, química, física e telecomunicações. Além disso, deverá haver um rejuvenescimento das equipas de desminagem da Administração Republicana de Defesa Civil através do recrutamento de pessoas mais jovens, para que a implementação do plano de desminagem possa continuar no futuro,- a elaboração de mais documentos do plano de protecção e salvamento em conformidade com o Decreto e as normas europeias mais elevadas, - a disponibilização de financiamento específico, conforme determinado pelas disposições legais relevantes, e/ou a determinação e disponibilização dos recursos necessários para a formação de protecção e salvamento no âmbito do Fundo da Administração Republicana de Defesa Civil.

CONCLUSÃO

Considerando que a República de Srpska, como entidade na Bósnia-Herzegovina, partilha uma fronteira com a República da Croácia, que é membro da UE, e com a República da Sérvia, que não o é, é absolutamente claro que a defesa civil na República da Sérvia é particularmente importante quando se trata de cooperação intergovernamental na preparação e resposta a fenómenos ameaçadores que têm a mesma origem para todos os países com os quais a República de Srpska faz fronteira. Neste contexto, penso que é útil informar o público científico e profissional sobre a situação, organização e funcionamento do sistema de protecção civil do RS. É também importante conhecer o sistema jurídico de protecção e salvamento na RS, as responsabilidades das entidades, a organização do sistema de defesa civil, protecção pessoal e mútua, medidas de protecção e salvamento e unidades de defesa civil. O RS tem um sistema de defesa civil baseado na experiência deste sistema e um desenvolvimento moderno baseado na aplicação da ciência. Um retrocesso significativo na implementação do sistema é o insuficiente apoio financeiro para a implementação das medidas resultantes da avaliação, bem como a falta de pessoal profissional suficiente capaz de implementar as medidas de avaliação na prática.

Estou certo de que este trabalho servirá para trocar experiências sobre a organização e funcionamento de diferentes sistemas de protecção civil, com o objectivo de criar um sistema que ofereça a melhor protecção possível à população civil de diferentes países, que em muitos casos têm a mesma fonte, os mesmos portadores e as mesmas formas de ameaça.

LITERATURA

[2]Ahman, T. (2009). *O Tratado de Lisboa e a Protecção Civil na União Europeia.* Estocolmo: Agência Sueca de Investigação em Defesa.

[1]Bara, C., & Doutor, C. (2010). Análise de risco: cooperação na protecção civil: UE, Espanha e Reino Unido. Zurique: CSS.

[Casile, M. e A. Davis-Blake (2002) "When accreditation standards change: factorsaffecting differential responsiveness of public and private organizations", *Academyof ManagementJournal,* 45 (1): 180-195.

[2]Jakovljevic, V. (2011). *Civilna zastita Republike Srbije.*Univerzitet u Beogradu, Fakultet bezbednosti.

[Jurisic,R.(2016). *ZastitaispasavanjeuBosniiHercegovini*, BanjaLuka, Uniglobal.

[1]Lansford,T.(1999). The *Triumph of Transatlanticism: NATO and the Evolution of European Security after the Cold War*, Journal of Strategic Studies, No. 1, March.

[1]Tadic,Z. (2013). *Zastita i spasavanje u Federacijio Bosne i Hercegovine*, Tuzla, Printcom.

[1]Williams,P. (2008). *Da Nova Idade Média a uma Nova Idade Escura: o declínio da Stata e da Estratégia dos EUA,* Instituto de Estudos Estratégicos.

[1] Zoric,Z. (2016). *Organizacija i mogucnosti funkcionisanja civilne zastite u Bosni i Hercegovini-organizacija, stanje i preporuke za unapredenje.* Bezbednost, Beograd, 58(3),156-170

[4] Zoric,Z. (2017). *Civilna zastita u Republici Srpskoj.* Bezbednost za buducnost 2017: Zbornik radova/ III Medunarodna naucno strucna konferencija "Bezbednost i krizni menadzment - teorija i praksa - Bezbednost za buducnost 2017,Obrenovac, 2017, 203-209.

[1]Culibrk,Z.(2011). *Reagovanje, koordinacija i saradnja hitnih sluzbi u vanrednim situacijama*, Fakultet za bezbjednost i zastitu, Banja Luka.

(1) Culibrk, Z. Upravljanje vanrednim situacijama, Faculdade de Segurança e Protecção, Banja Luka, 2015.

[1]Laurent Cohen-Tangui,(2007) *Guerre ou paix, Essai sur le monde de demain,* Pluirel, Hachette.

[1]Cloete, J. J. N. (1994). *Administração e gestão pública.* JL van Schaik.

[2] Meyer, J. W., & Rowan, B. (1977). *Organizações institucionalizadas: Estrutura formal como mito e cerimónia.* American Journal of Sociology, *83*(2), 340-363.

[1]Mintzberg, H. (1979). *A estruturação de organizações* (Vol. 203). Englewood Cliffs, NJ: Prentice Hall.

[2] Oliver, C. (1991). *Respostas estratégicas aos processos institucionais.* Academy of Management Review, 16(1), 145-179.

[3] Pedersen, J. S., & Dobbin, F. (2006). *Em busca de identidade e legitimidade - cultura organizativa e neoinstitucionalismo.* Cientista Comportamental Americano, *49*(7), 897907.

[1]Edelman, L. B. (1992) 'Legal ambiguity and symbolic structures: Organization mediation ofcivil rights law', *The American Journal of Sociology, 97* (6):1531-1576.

[1] Hinings, C. e R. Greenwood (1988) The dynamics of strategic change, Londres: Basil Blackwell.

[1]Scott, W. R. (2001). *Instituições e Organizações,* 2ª edição, série Fundações para a ciência organizacional.

[1]Scott, W. R. (1987). *A adolescência da teoria institucional.* Administrative Science Quarterly, 493-511.

Meios electrónicos:

http://www.ruczrs.net/?page id=102&lang=lat, Governo da República de Srpska, Administração da Defesa Civil da República de

http://www.cci.ba/, Centro de Participação Cidadã

Outras fontes:

Diário da República da Bósnia e Herzegovina, n.º 50/08, 29 de Abril de 2008.

Jornal Oficial da República de Srpska, No. 121/12, 13 de Dezembro de 2012.

Índice

Printed by Books on Demand GmbH, Norderstedt / Germany